十大业务画中话

SHIDA YEWU HUAZHONGHUA

最高人民检察院办公厅　组编

中国检察出版社

图书在版编目（CIP）数据

十大业务画中话 / 最高人民检察院办公厅组编 . —北京：中国检察出版社，2020.5
ISBN 978-7-5102-2430-0

Ⅰ.①十… Ⅱ.①最… Ⅲ.①检察机关—工作—中国—图集 Ⅳ.① D926.3-64

中国版本图书馆 CIP 数据核字 (2020) 第 065556 号

十大业务画中话
最高人民检察院办公厅 组编

出版发行：	中国检察出版社
社　　址：	北京市石景山区香山南路 109 号（100144）
网　　址：	中国检察出版社（www.zgjccbs.com）
编辑电话：	(010) 86423703
发行电话：	(010) 86423726　　86423727　　86423728
	(010) 86423730　　68650016
经　　销：	新华书店
印　　刷：	北京联合互通彩色印刷有限公司
开　　本：	787mm×1092mm　　20 开
印　　张：	6
字　　数：	108 千字
版　　次：	2020 年 5 月第一版　2020 年 5 月第一次印刷
书　　号：	ISBN 978-7-5102-2430-0
定　　价：	42.00 元

检察版图书，版权所有，侵权必究
如遇图书印装质量问题本社负责调换

目 录
contents

第一章　普通犯罪检察……………………1

第二章　重大犯罪检察……………………13

第三章　职务犯罪检察……………………27

第四章　经济犯罪检察……………………35

第五章　刑事执行检察……………………49

第六章　民事检察…………………………59

第七章　行政检察…………………………71

第八章　公益诉讼检察……………………79

第九章　未成年人检察……………………93

第十章　控告申诉检察……………………105

检察职权

《宪法》第134条规定：中华人民共和国人民检察院是国家的法律监督机关。

《人民检察院组织法》第20条规定人民检察院行使下列职权：

立案侦查
依照法律规定对有关刑事案件行使侦查权

审查逮捕
对刑事案件进行审查，批准或者决定是否逮捕犯罪嫌疑人

审查起诉
对刑事案件进行审查，决定是否提起公诉，对决定提起公诉的案件支持公诉

公益诉讼
依照法律规定提起公益诉讼

诉讼监督
对刑事、民事、行政诉讼活动实行法律监督

执行监督
对判决、裁定等生效法律文书的执行工作实行法律监督

监管执法活动监督
对监狱、看守所的执法活动实行法律监督

其他
法律规定的其他职权

四大检察　十大业务

2018年12月，中共中央办公厅印发《最高人民检察院职能配置、内设机构和人员编制规定》。

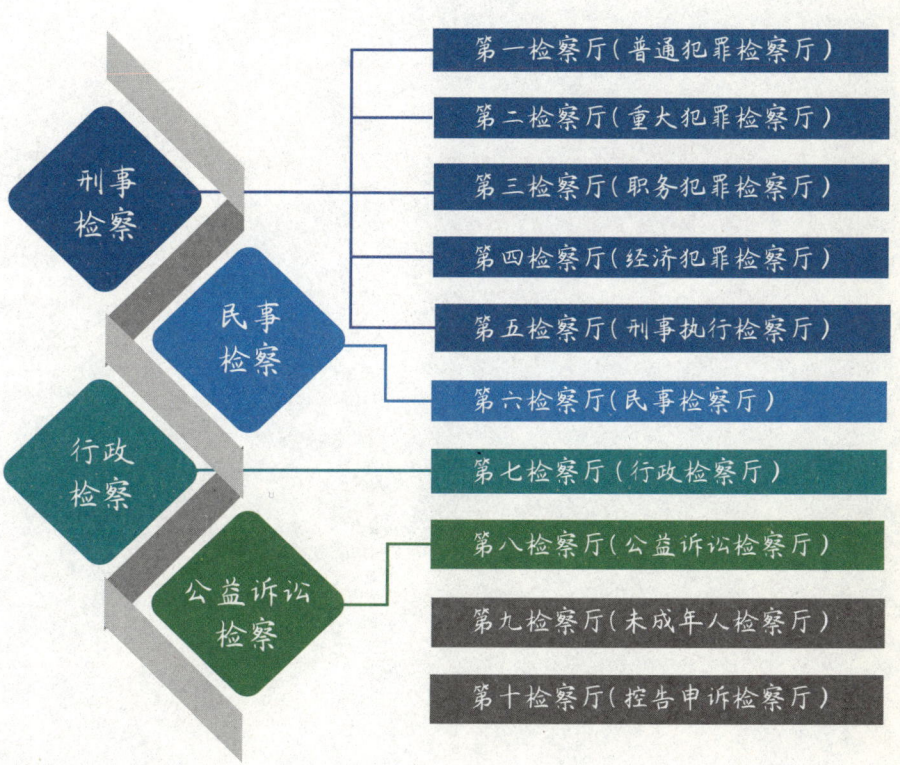

第一章
普通犯罪检察

第一节 职 责

普通犯罪检察部（厅）通常称为第一检察部（厅），主要负责：

A	B	C
普通刑事案件的审查逮捕、审查起诉、出庭支持公诉、抗诉	开展相关立案监督、侦查监督、审判监督以及相关案件的补充侦查	办理相关刑事申诉案件等

管辖案件范围涉及230多个罪名，主要包括以下三个方面：

 一是侵犯公民人身权利、民主权利类犯罪（不包括故意杀人犯罪）

 二是侵犯财产类犯罪（不包括抢劫犯罪）

 三是妨害社会管理秩序类犯罪（不包括毒品类犯罪）

第二节 看 点

1. 认罪认罚从宽：检察机关履行主导责任

检察机关在刑事诉讼中不仅是承上启下的枢纽和监督者，而且是罪案处理的实质影响者，在有效惩治犯罪、强化人权司法保障、提升诉讼效率、化解社会矛盾等方面，具有主导作用、承担主导责任。

修改后的《刑事诉讼法》第15条规定：犯罪嫌疑人、被告人自愿如实供述自己的罪行，承认指控的犯罪事实，愿意接受处罚的，可以依法从宽处理。

2019年以来，全国检察机关认罪认罚从宽制度适用率逐步提升，至12月份当月提升至80%以上。

2019年检察环节适用认罪认罚从宽制度情况

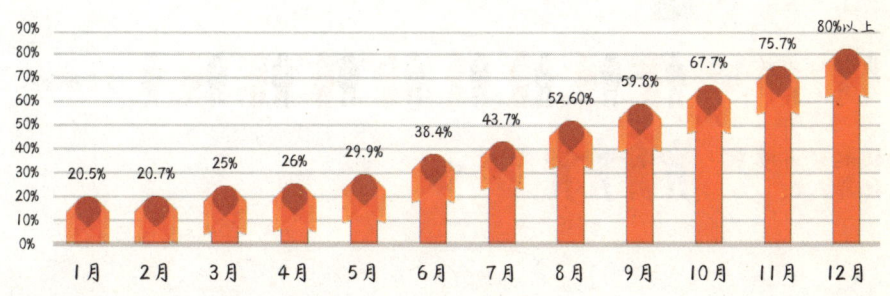

2. 扫黑除恶：不放过、不凑数

有黑必扫，有恶必除，除恶务尽。坚持依法打击、精准打击，最高检会同有关部门出台《关于办理黑恶势力犯罪案件若干问题的指导意见》等文件，明确黑恶势力犯罪认定标准，坚决做到"是黑恶犯罪一个不放过，不是黑恶犯罪一个不凑数"。

围绕推进"打伞破网""打财断血"，研究制定深挖公职人员犯罪、涉黑恶财产处置等方面政策措施，紧盯涉黑恶重大案件、黑恶势力经济基础、背后"关系网"和"保护伞"不放，坚决铲除黑恶势力犯罪滋生的土壤。

2019年办理涉黑恶犯罪案件情况

批捕涉黑恶犯罪人数  5.8万余人

批捕涉黑犯罪人数 1.2万余人

提起公诉涉黑恶犯罪人数  9.8万余人

提起公诉涉黑犯罪人数  3万余人

3. 严惩危害生态环境犯罪

认真履行批捕、起诉职能，依法严厉打击环境污染犯罪，始终保持对环境污染犯罪的高压态势。

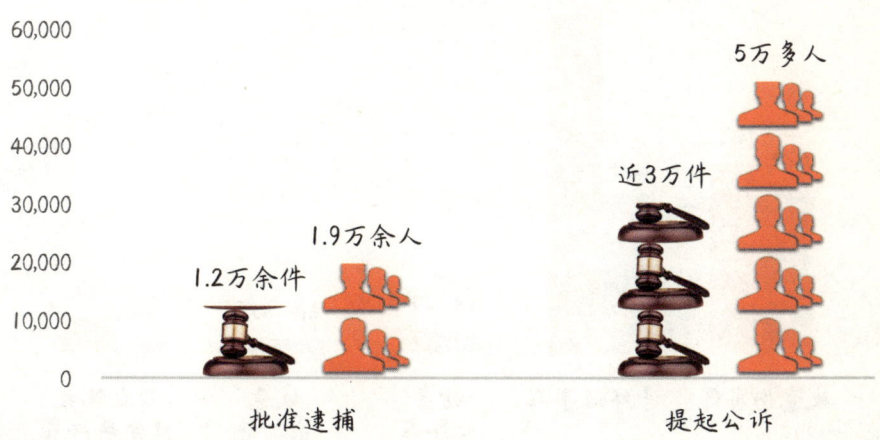

2019年办理破坏环境资源犯罪案件情况

4. 对涉医违法犯罪零容忍

近年来，暴力杀医、伤医事件时有发生，已成为社会高度关注的热点。检察机关立足职能，会同有关部门出台保障医务人员安全、维护良好医疗秩序等方面文件，依法严厉打击杀医、伤医和医闹等违法犯罪行为，为维护良好医疗秩序、构建和谐医患关系、推进"平安医院"建设发挥了积极促进作用。

2019年起诉涉医类犯罪情况

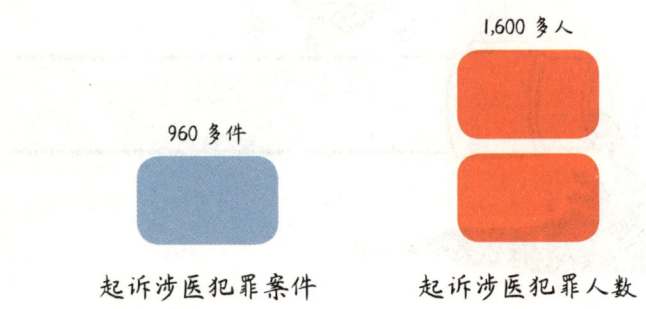

- 起诉涉医犯罪案件：960多件
- 起诉涉医犯罪人数：1,600多人

其中涉及暴力型犯罪

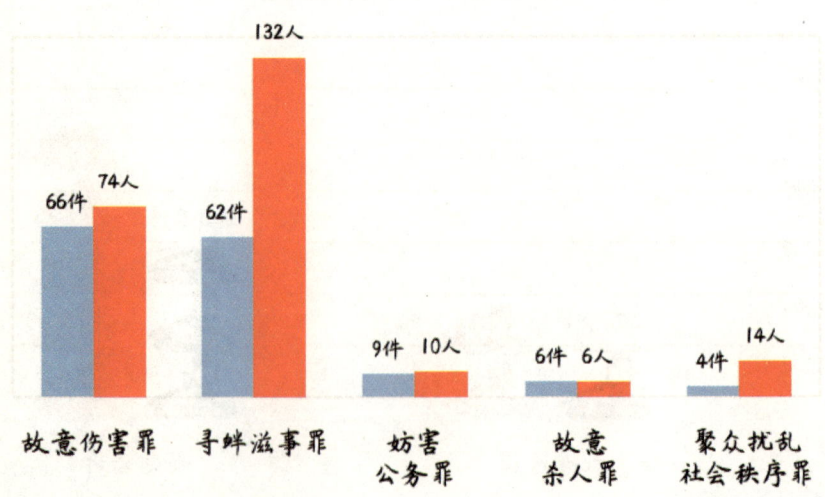

- 故意伤害罪：66件 74人
- 寻衅滋事罪：62件 132人
- 妨害公务罪：9件 10人
- 故意杀人罪：6件 6人
- 聚众扰乱社会秩序罪：4件 14人

5. 还网络一片净土

最高检连续三年将严厉打击治理电信网络诈骗犯罪列为重点工作，充分发挥上下联动作用，形成打击合力，坚决遏制电信网络诈骗的高发蔓延势头。

2019年全国检察机关办理电信网络诈骗犯罪案件情况

批捕利用电信网络实施诈骗犯罪的案件
1.5万余件

批捕利用电信网络实施诈骗犯罪的人数
4.6万余人

起诉利用电信网络实施诈骗犯罪的案件
1.2万余件

起诉利用电信网络实施诈骗犯罪的人数
近4万人

6. 严惩涉疫犯罪

新冠肺炎疫情发生以来，最高检带领全国检察机关，坚持自身疫情防控和检察办案工作两手抓、两不误，主动担当履职。一方面，依法从严惩治抗拒防控举措、妨害公务、暴力伤医、制假售假、哄抬物价、借机诈骗、造谣传谣、破坏野生动物资源等犯罪，形成有力震慑；另一方面，按照分区分级精准复工复产的部署要求，在坚决维护疫情防控秩序的同时，依法助力企业有序复工复产。

截至2020年4月16日，全国检察机关共受理审查逮捕涉疫情刑事犯罪案件3,324件4,120人

审查批准逮捕
2,910件3,517人

依法不批准逮捕
329件456人

受理审查起诉
2,636件3,310人

审查提起公诉
1,980件2,416人

依法不起诉
68件88人

第一章 普通犯罪检察

第三节 办 案

案例1 操场埋尸十六载 扫黑除恶昭沉冤

湖南省新晃县社会人员杜少平于2001年承揽了新晃一中田径场开挖工程,施工过程中对新晃一中委派的工程质量监督员邓某某怀恨在心,2003年伙同他人将其杀害,埋尸于操场一土坑内。2008年以来,以杜少平为首要分子的恶势力犯罪集团,以暴力、威胁等手段插手民间纠纷,实施寻衅滋事、非法拘禁、聚众斗殴、强迫交易等多起犯罪活动。

中央扫黑除恶督导组交办该案后,检察机关及时派员督导办理。杜少平一审被判处死刑,二审维持原判,目前已被依法执行死刑。检察机关配合纪检监察机关深挖彻查"保护伞",对19名失职渎职公职人员依法严肃处理。

案例 2　无端杀医天理难容　依法严惩告慰逝者

　　孙文斌之母孙魏氏因病被送至民航总医院，经诊治未见好转。孙文斌自认为与医生杨某的诊治有关，遂对其怀恨在心，并回家取尖刀扬言报复杨某。2019 年 12 月 24 日，孙文斌趁杨某向其介绍孙魏氏病情时，突然拔出尖刀，反复切割杨某颈部并进行扎刺，致杨某当场死亡。案发后，检察机关及时介入侦查，并以涉嫌故意杀人罪提起公诉，法院经审理依法判处孙文斌死刑，剥夺政治权利终身。目前孙文斌已被依法执行死刑。

案例3 假卖口罩真骗财 被判刑罚终获罪

医药代表伍某某由于沉迷赌博,萌生利用新冠肺炎疫情期间口罩紧缺的时机骗取钱财的想法。2020年1月下旬故意在微信群内发布售卖口罩信息,并要求必须付清款项后才能发货。1月23日至2月5日,山东、浙江、安徽等省的11名被害人为购买口罩,通过微信等方式向伍某某支付货款162.13万元。伍某某收款后,均没有为被害人联系购买口罩、发货。被害人发现受骗后要求退还货款,伍某某仅退还79.54万元,其余的82.59万元用于网络赌博。被害人报案后,伍某某投案自首并自愿认罪,检察机关适用认罪认罚从宽制度提起公诉,法院判处其有期徒刑11年,并处罚金8万元。

第四节　钩　沉

1949年：《中央人民政府最高人民检察署试行组织条例》规定，最高人民检察署设三个业务处，其中第二处负责的范围包括刑事案件的公诉与批捕工作

1955年：最高人民检察院刑事检察厅分设为侦查监督厅和审判监督厅

1962年7月：侦查监督厅和审判监督厅合为一厅，负责审查批捕、审查起诉

1978年：检察机关恢复重建，设刑事检察厅，履行审查逮捕和审查起诉职责

1999年：刑事检察厅分设为审查批捕厅和审查起诉厅，2000年更名为侦查监督厅和公诉厅，实行捕诉分离

2018年12月：撤销侦查监督厅和公诉厅，实行"捕诉一体"办案机制，设立第一检察厅，也可称普通犯罪检察厅

第二章

重大犯罪检察

第一节 职 责

重大犯罪检察部（厅）通常称为第二检察部（厅），主要负责：

1 对法律规定由人民检察院办理的危害国家安全、公共安全犯罪，故意杀人、抢劫、毒品等犯罪案件的审查逮捕、审查起诉、出庭支持公诉、抗诉

2 开展相关立案监督、侦查监督、审判监督以及相关案件的补充侦查

3 办理人民检察院管辖的相关刑事申诉案件，负责死刑复核监督工作

管辖案件范围：
- 刑法分则第一章"危害国家安全罪"
- 刑法分则第二章"危害公共安全罪"
- 故意杀人、抢劫、毒品犯罪
- 死刑复核案件，以及死刑案件相关业务指导

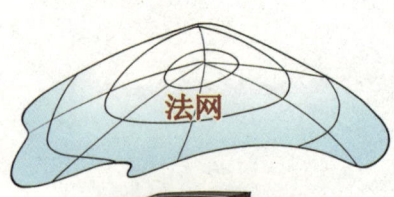

第二节 看 点

1. 坚决维护国家政治安全

坚持总体国家安全观，始终把维护政治安全作为头等大事。

↓ 深入推进

↓ 斗争

特别是依法严惩暴力恐怖犯罪，坚决遏制暴恐活动多发频发势头。

2. 严惩公共安全领域重大刑事犯罪

坚决惩治严重暴力犯罪。对故意杀人、抢劫等严重影响群众安全感的犯罪，始终保持严厉打击态势，着力营造安全稳定的社会环境。

依法打击危险驾驶犯罪。目前，该类犯罪已跃居所有起诉刑事案件首位。

参与缉枪治爆专项行动。紧紧围绕人民群众安全需求，积极参与缉枪治爆专项行动，重点打击境内制贩、网上贩卖、境外走私枪支弹药犯罪活动。

3. 加大打击毒品犯罪力度

> 重点打击走私、制造毒品、大宗毒品贩卖等源头性毒品犯罪，依法严惩毒枭、职业毒贩、毒品再犯等毒品犯罪分子。

> 密切关注新类型毒品犯罪动向，办理好"娜塔莎"毒品案件、涉芬太尼案件等新型毒品犯罪案件。

与最高法、公安部协商建立办理重大毒品犯罪案件信息通报机制，推动建立毒品犯罪集中地区打击毒品犯罪联席会议制度，促进公检法等机关形成办案合力。

4. 正当防卫：法不能向不法让步

坚持立足检察职能，回应群众关切，依法办理福州赵宇案、杭州盛春平案、涞源反杀案、邢台董民刚案、丽江唐雪案等一批社会关注度高的正当防卫案件，彰显<u>法不能向不法让步</u>。

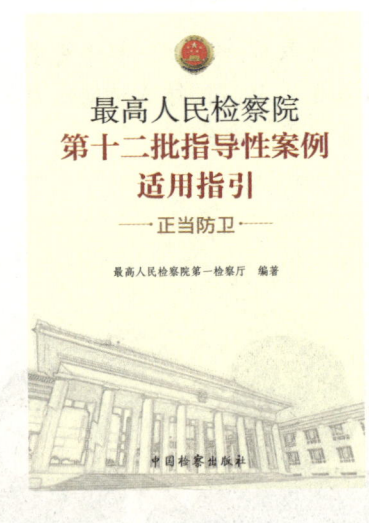

加强正当防卫司法实务研究，编写《最高人民检察院第十二批指导性案例适用指引》，就正确把握刑事犯罪与正当防卫、正当防卫与防卫过当、正当防卫与假想防卫的界限作出规定，为各地正确适用正当防卫制度提供指引。

第三节　办　案

案例1　殴打司机抢方向盘　依法严惩护安全

被告人孙某酒后与家人乘坐BRT公交车，因错过下车时间与驾驶员发生争吵，甚至用拳头殴打驾驶员并抢拽方向盘，致使公交车失控，驶出车道，造成道路拥堵。

起初孙某仅被处以行政处罚，后经检察机关立案监督，公安机关予以立案侦查。检察机关以涉嫌以危险方法危害公共安全罪提起公诉。孙某最终被法院判处有期徒刑2年8个月。

案例 2　无罪改无期徒刑
　　　　　毒贩命运为何像坐"过山车"

被告人刘某某驾驶轿车携带毒品被民警查获，检察机关以涉嫌贩卖毒品罪起诉，法院一审认为案件不能排除合理怀疑，判决被告人刘某某无罪。

检察机关依法提出抗诉，并补强了被告人刘某某贩卖毒品的证据。法院二审以贩卖毒品罪改判刘某某无期徒刑。

案例 3　见义勇为反受屈　准确认定还清白

　　暂住在福州的赵宇见邻居邹某被李某殴打和谩骂，赵宇下楼将李某推倒在地，并朝李某腹部踩一脚，致李某腹部横结肠破裂，属重伤二级。福州市公安局晋安分局将赵宇刑事拘留并移送审查起诉。晋安区检察院认定赵宇属防卫过当，作出相对不起诉决定，引起社会舆论高度关注。在最高检指导下，福州市检察院对该案重新审查，认定赵宇的行为属正当防卫，不构成犯罪，遂作出无罪的绝对不起诉决定。

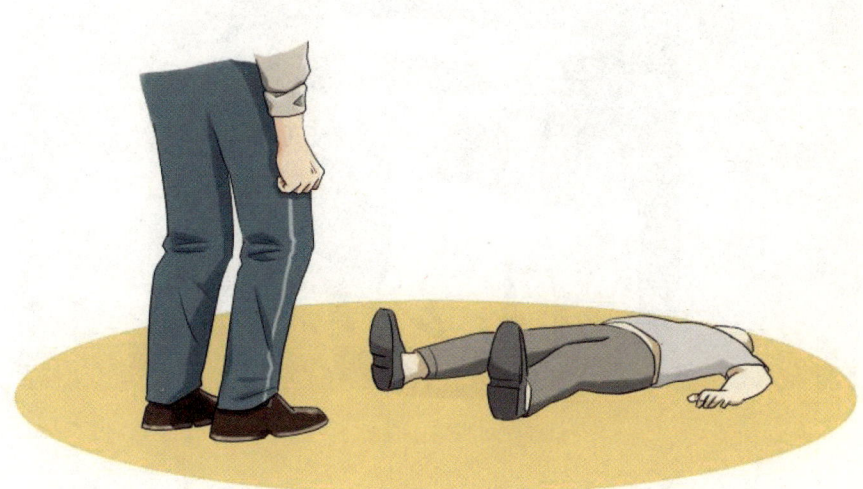

案例4　身陷传销窝点　虎口脱险惊魂

　　山东莱州人盛某某被网上结识的郭某骗至杭州桐庐县某传销窝点。传销组织意图通过"洗脑"、恐吓等手段威逼其加入传销，逼迫过程中盛某某拿出随身携带的水果刀进行警告并挥刺，传销分子成某某被刺中，后经抢救无效死亡。

　　检察机关认定盛某某的行为属于正当防卫，根据《刑事诉讼法》第177条第1款的规定，对盛某某作出不起诉决定。

案例 5 醉酒砸门遭反杀 情急自卫免入刑

2019年2月8日夜,唐雪乘车返家途中,遇同村人李德湘酒后拦截、挑衅。唐雪回家后将李德湘拦车挑衅一事告诉父亲。其父唐某勇带唐雪找李德湘评理,与李德湘发生争执和厮打,后被劝开。2月9日凌晨,李德湘持菜刀到唐某勇家,用菜刀砍砸和用脚踢踹唐某勇家大门。唐雪携带水果刀,打开家里小门出去查看。李德湘发现后冲向唐雪,反复对其拳打脚踢。唐雪掏出水果刀反抗、挥刺。后李德湘被发现受伤,送医院抢救无效死亡。

唐雪被移送审查起诉后,检察机关经补充侦查和审查后认为,李德湘曾在春节期间多次侵犯唐雪家人及住宅,此次唐雪面对正在进行的不法侵害,不能苛求其在高度紧张的应激反应下作出"准确"判断,其行为没有明显超过必要限度,属于正当防卫。检察机关最终对唐雪作出不起诉决定。

案例6 求爱不成强逞凶 特殊防卫免责任

无业人员王某为逼迫王某某与其谈恋爱，多次到王某某学校和河北涞源县王某某家中进行骚扰、威胁。2018年7月11日23时许，王某携带两把水果刀、甩棍翻墙进入王某某家院中被发现后，用刀、棍将王某某的父母王某元、赵某某击伤，并追打王某某。王某元、赵某某为保护王某某，与王某扭打在一起，并用菜刀、木棍击打王某，致其颅脑损伤合并失血性休克死亡。涞源县公安局以王某某行为属于正当防卫为由撤销对其立案，以王某元、赵某某涉嫌故意杀人罪移送审查起诉。涞源县检察院经审查认定，王某元、赵某某、王某某的行为属于特殊正当防卫，不负刑事责任，遂作出不起诉决定。

第四节 钩 沉

2017年1月
死刑复核检察厅更名为公诉二厅,负责重罪案件和毒品案件的法律监督与指导职责

2018年12月
最高检进行内设机构改革,成立第二检察厅,负责重大刑事犯罪检察工作

2012年9月
根据修改后刑事诉讼法新增的关于死刑复核法律监督的规定,经中编办批准,成立死刑复核检察厅

2007年7月
最高检设立死刑复核检察工作办公室

第三章

职务犯罪检察

第一节 职 责

职务犯罪检察部（厅）通常称为第三检察部（厅），主要负责：

审查逮捕
审查起诉
出庭支持公诉
抗诉

法律规定由人民检察院办理的监察委员会移送职务犯罪案件的审查逮捕、审查起诉、出庭支持公诉、抗诉；

开展相关审判监督以及相关案件的补充侦查；

办理相关刑事申诉案件。

❶ 监委管辖的六大类 88 种职务犯罪案件审查逮捕、审查起诉、出庭支持公诉、抗诉

六大类

主要负责办理

 14种犯罪

 刑事申诉

❷ 检察机关直接立案侦查的 14 种司法工作人员相关职务犯罪案件

❸ 相关刑事申诉案件

第二节 看 点

1. 积极推进监检衔接

《监察法》第4条第2款规定：监察机关办理职务违法和职务犯罪案件，应当与审判机关、检察机关、执法部门互相配合，互相制约。2019年2月最高检会同国家监委出台《人民检察院提前介入监察委员会办理职务犯罪案件工作规定》等文件，为检察机关提前介入案件提供规范指引。

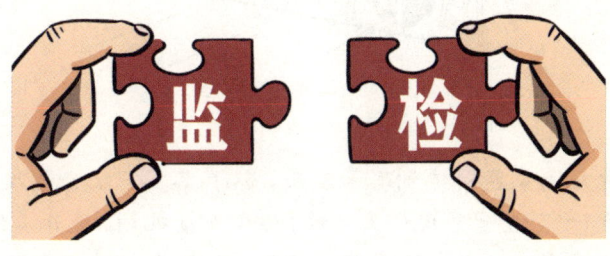

相互配合做好各环节衔接

- 建立沟通机制。最高检与国家监委之间建立了顺畅高效的案件沟通联络工作机制，特别是每起案件均提前介入，与国家监委相关部门充分交换意见。
- 把住案件质量关口。案件审查起诉过程中，检察机关坚持证据裁判原则，深入细致审查全案证据，准确认定案件事实和犯罪情节，认真把好案件质量关口。
- 做好出庭公诉。案件提起公诉后，检察机关围绕起诉书指控的犯罪事实，精心制作出庭预案和多媒体示证方案；通过庭前会议，了解辩护观点和理由，归纳预测庭审辩论焦点，提前作出应对。

2. 办理中管干部职务犯罪案件

主动适应国家监察体制改革要求，认真落实"配合是政治要求，制约是法定责任"，坚守客观公正立场，健全制度机制，提升工作能力水平，完善对下办案指导、共同办案等工作机制，不断提升职务犯罪检察工作整体办案水平和质量。

依法高效办理中管干部职务犯罪案件。先后指导办理了广东省委原常委、统战部原部长曾志权受贿案，国家发改委原副主任、国家能源局原局长努尔·白克力受贿案，北京市政协原党组副书记、副主席李士祥受贿案等中管干部职务犯罪案件。

第三章 职务犯罪检察

第三节 办 案

● 案例1 财权用到极致 疯狂捞金自毁

广东省委原常委、统战部原部长曾志权于2004年至2017年,利用担任广东省财政厅副厅长、厅长职务上的便利,为一些单位和个人在取得开发用地、承建工程等事项上提供帮助,直接或通过其近亲属收受财物1.4亿余元。

检察机关认为,曾志权身为国家工作人员,利用职务上的便利,为他人谋取利益,非法收受他人财物,数额特别巨大,应当以受贿罪追究其刑事责任。法院最终判处曾志权无期徒刑,剥夺政治权利终身,并处没收个人全部财产。

- 31 -

案例2　关照孙小果　厅官食苦果

云南省司法厅原副厅长罗正云，于2004年至2008年收受罪犯孙小果继父、母亲的贿赂3万余元，后指使监狱干警对孙小果予以关照，使其获得三次违法减刑。刑满释放后，孙小果继续实施组织、领导黑社会性质组织、故意伤害、寻衅滋事等犯罪。

检察机关以罗正云涉嫌徇私舞弊减刑罪、受贿罪，向法院提起公诉。2019年12月15日，罗正云被以徇私舞弊减刑罪、受贿罪判处有期徒刑10年6个月。

第四节 钩 沉

1979年8月10日
最高检设立经济检察厅

1989年8月12日
最高检决定将经济检察厅改名为贪污贿赂检察厅

1995年11月10日
最高检反贪污贿赂总局成立

2018年12月
最高检设立第三检察厅，负责职务犯罪检察工作

第四章
经济犯罪检察

第一节 职 责

经济犯罪检察部（厅）通常称为第四检察部（厅），主要负责：

✓ 对破坏社会主义市场经济秩序犯罪案件的审查逮捕、审查起诉、出庭支持公诉、抗诉；

✓ 开展相关立案监督、侦查监督、审判监督以及相关案件的补充侦查；

✓ 办理人民检察院管辖的相关刑事申诉案件。

经济犯罪检察部门管辖案件涉及 108 个罪名，约占刑法分则全部罪名的四分之一。
包括：

一是生产、销售伪劣商品犯罪

二是走私犯罪

三是妨害对公司、企业的管理秩序犯罪

四是破坏金融管理秩序犯罪

五是金融诈骗犯罪

六是危害税收征管犯罪

七是侵犯知识产权犯罪

八是扰乱市场秩序犯罪

第二节 看 点

1. 积极参与防范化解重大风险

非法金融活动波及面广、涉及人员多，甚至影响国计民生。依法惩治金融犯罪活动，是服务打好三大攻坚战的重要举措，特别是重点办理各类以金融创新为名、利用互联网等平台实施的非法集资等涉众型犯罪案件，着力维护金融秩序和当事人合法权益。

2019年批捕起诉各类金融犯罪案件情况
（包括破坏金融管理秩序犯罪和金融诈骗犯罪）

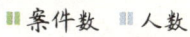

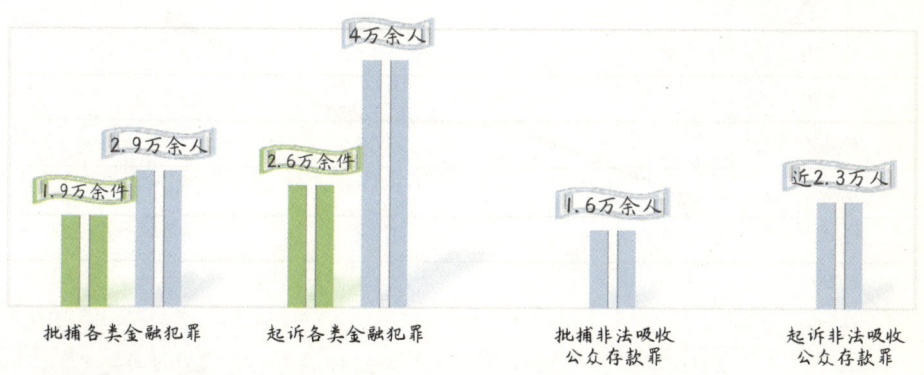

严肃查处非法集资案件。严肃查办各类以金融创新为名、利用互联网等平台实施的非法集资等涉众型犯罪案件,认真做好"昆明泛亚""钱宝网"等重大金融犯罪案件出庭支持公诉等工作,确保办案效果。

全国检察机关积极参加互联网金融风险专项整治和打击非法集资专项行动,不断加大对非法吸收公众存款、集资诈骗等非法集资犯罪活动的打击力度。

全国检察机关办理涉非法集资犯罪案件情况

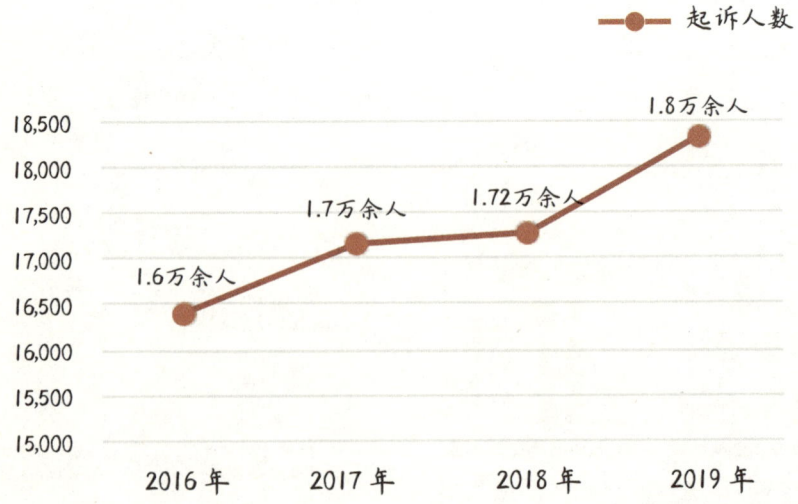

2. 依法平等保护民营经济

最高检持续落实服务保障民营经济的11项政策标准

01 一是准确区分经营活动中的正当融资行为与非法集资犯罪

02 二是严格适用非法经营罪、合同诈骗罪，防止刑事打击扩大化

03 三是依法稳妥处理民营企业为开展正常经营活动而给付"回扣""好处费"的行为

04 四是准确区分民营企业参与国有企业重组改制过程中的产权纠纷与恶意侵占国有资产犯罪

05 五是准确区分涉民营企业案件个人犯罪和单位犯罪

06 六是通过立案监督防止以刑事手段插手经济纠纷

07 七是帮助民营企业防控风险

08 八是慎重使用查封、扣押、冻结等强制性措施

09 九是明确可以不批准逮捕的情形，能不捕的依法不捕

10 十是明确可以不起诉的情形，能不诉的依法不诉

11 十一是落实刑事诉讼法有关认罪认罚从宽的规定

认真贯彻落实习近平总书记"三个没有变"要求,牢固树立"平等保护"办案理念,依法妥善办理各类涉民营企业案件,准确把握法律政策界限,慎重适用强制措施,对民营企业负责人涉嫌犯罪的,能不捕的依法不捕、能不诉的依法不诉、能不判实刑的就提出适用缓刑建议。

2019年办理各类涉民营企业案件情况

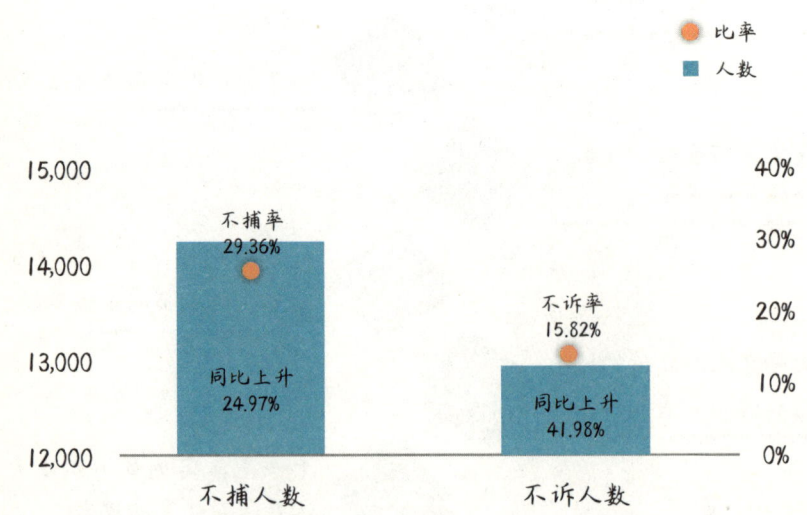

第四章 经济犯罪检察

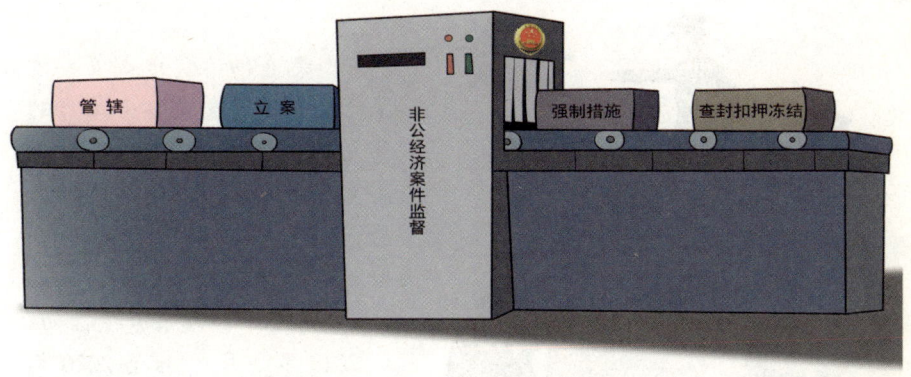

开展涉非公经济案件立案监督和羁押必要性审查专项监督工作，重点围绕越权管辖，违规立案或撤销案件，违规采取强制措施或不及时解除变更强制措施，违规查封、扣押、冻结等群众反映强烈的问题开展专项监督。

最高检与全国工商联建立日常沟通联系机制，开展2次专题会商、3次联合调研，联合召开2次服务民营经济座谈会，带动31个省级检察院与工商联同步建立协作机制。全国四级检察机关共同举办以"护航民企发展"为主题的检察开放日活动，邀请3.5万名民营企业家走进各级检察院，面对面听取他们的诉求。

3. 专项行动护佑百姓身边的安全

围绕贯彻落实中央《关于深化改革加强食品安全工作的意见》和新修订的《药品管理法》，与国家市场监督管理总局、国家药品监督管理局联合，部署开展落实食品药品安全"四个最严"要求专项行动，从2019年9月开始至2020年12月结束，重点聚焦校园周边案件、涉婴幼儿食药案件及网络违法犯罪案件等，加大对食药安全的全链条保护力度，坚决守住食药安全底线。

针对假劣农资危害粮食安全问题，在全国部署开展农资打假工作，2019年共批准逮捕涉农资刑事案件200件306人，提起公诉292件611人。

2019年办理涉生产、销售伪劣商品犯罪案件情况

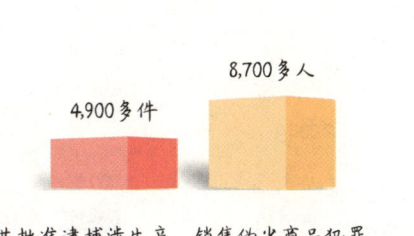
共批准逮捕涉生产、销售伪劣商品犯罪

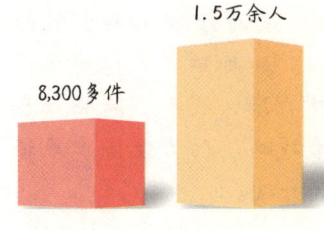
共起诉涉生产、销售伪劣商品犯罪

其中

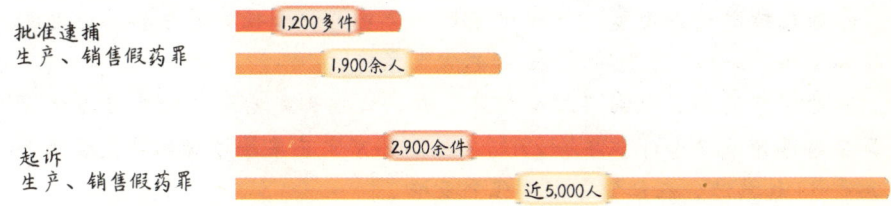

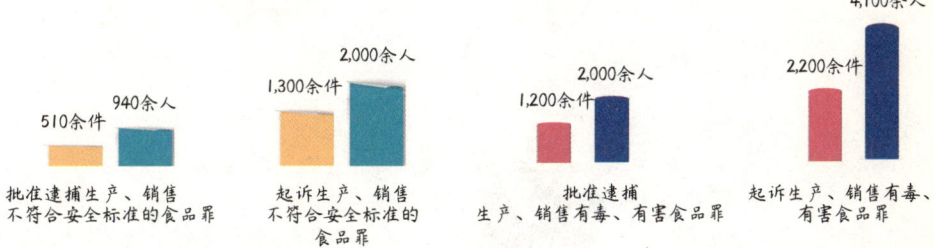

4. 强化知识产权司法保护

发挥检察机关职能作用，加大知识产权司法保护力度，服务创新驱动发展战略，助力经济发展换挡升级。

2019年办理涉知识产权犯罪案件情况

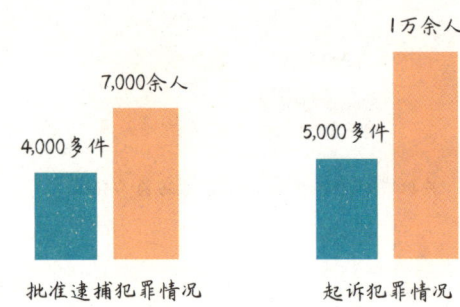

加大挂牌督办力度，会同中宣部、公安部联合挂牌督办春节档电影侵权盗版"2·15"系列专案等20起重点案件。

会同中宣部、全国"扫黄打非"办、公安部先后联合挂牌督办北京覃某某涉嫌侵犯著作权案等29起案件、北京宋某某等涉嫌制售盗版图书案等33起案件，在社会上产生强烈反响。

第三节 办 案

 案例1 集资诈骗捞钱财 法网恢恢责难逃

无业人员高文华通过熟人介绍认识了公司老板栗某，栗某称公司有央企背景，属于国家重点扶持单位，将高文华发展为下线。于是高文华将自己多年积蓄拿来投资，两人合伙成立一个空壳公司进行宣传，后栗某离开，高文华单干，利用人脉关系拉人，并以投资款4%返利鼓励介绍更多投资人入股。

2016年底，高文华的资金链彻底崩盘，投资人因没有拿到返利纷纷报案。

检察机关依法对高文华提起公诉，法院以非法吸收公众存款罪、集资诈骗罪，判处高文华有期徒刑14年6个月，栗某犯非法吸收公众存款罪，被判处有期徒刑3年10个月。

案例 2　瞒天过海设公司　侵犯商密被判刑

2015 年，时任三一集团下属研究院院长的彭国成、副院长张学文等成立湖南智上重工有限公司（以下简称"湖南智上"），邀请技术人员蒋新强等作为股东参加。后安排蒋新强等技术人员违规下载三一港口公司的图纸，交由"湖南智上"生产正面吊运机用于销售。至案发时非法获利 264 万余元，给三一港口公司造成损失 384 万余元。

检察机关以涉嫌侵犯商业秘密罪提起公诉，法院最终判处彭国成有期徒刑 2 年 1 个月，并处罚金 50 万元；张学文有期徒刑 2 年，并处罚金 25 万元；蒋新强有期徒刑 1 年，缓刑 1 年，并处罚金 5 万元。

第四节 钩 沉

01 1999年之前
由刑事检察厅负责经济犯罪的审查批捕、审查起诉、抗诉等工作

1999年至2002年
由侦查监督厅和公诉厅分别负责经济犯罪审查批捕和审查起诉、抗诉等工作,其下没有设置专门处室负责经济犯罪检察工作

02

03 2008年至2018年
由侦查监督厅和公诉厅分别负责经济犯罪检察相关工作,其下分别成立相对应的处室

2018年12月
最高检进行重塑性内设机构改革,第四检察厅作为四个专业化刑事办案机构之一正式成立

04

第五章
刑事执行检察

第一节 职 责

刑事执行检察部（厅）通常称为第五检察部（厅），主要负责：

- 对监狱、看守所和社区矫正机构等执法活动的监督

- 对刑事判决、裁定执行、强制医疗执行、羁押和办案期限的监督，羁押必要性审查

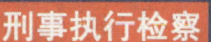
刑事执行检察

- 按照刑事诉讼法规定，需要由人民检察院直接受理的其他重大犯罪案件的侦查

- 对法律规定检察机关办理的司法工作人员利用职权实施的非法拘禁、刑讯逼供、非法搜查等侵犯公民权利、损害司法公正的犯罪案件的侦查

- 办理罪犯又犯罪案件

第二节 看 点

1. 监狱巡回检察

最高检决定自2019年7月开始,在全国检察机关全面推进监狱巡回检察工作。与以往仅实行派驻检察相比,巡回检察发现和纠正问题数量明显增加,成效更加显著。

最高检与司法部围绕监狱巡回检察加强合作达成一系列共识。

2019年5月、6月和8月,最高检党组副书记、副检察长邱学强先后三次带队到四川省邛崃监狱、浙江省宁波市黄湖监狱和青海省东川监狱,分别就罪犯劳动时间、劳动报酬问题和罪犯教育改造问题进行巡回检察,形成示范效应。

2. 羁押必要性审查

着眼于服务保障非公经济健康发展,最高检部署开展了涉民营企业家案件羁押必要性审查专项活动,一批因涉嫌犯罪被羁押的民营企业家被释放或者变更强制措施,收到良好社会效果。

2019年,全国检察机关共办理羁押必要性审查案件立案8.7万余人,提出变更强制措施或释放建议7.5万余人,被采纳6.9万余人。

2019年办理涉民营企业家案件羁押必要性审查情况

羁押必要性审查案件立案人数	3,100多人
提出变更强制措施或释放建议人数	2,200多人
被采纳人数	近2,000人

3. 司法工作人员相关职务犯罪侦查工作

修改后《刑事诉讼法》第19条第2款规定：人民检察院在对诉讼活动实行法律监督中发现的司法工作人员利用职权实施的非法拘禁、刑讯逼供、非法搜查等侵犯公民权利、损害司法公正的犯罪，可以由人民检察院立案侦查。认真贯彻落实修改后的刑事诉讼法规定，研究制定立案标准和工作细则等制度，健全监检衔接机制，规范线索管理处置程序，完善内部配合联动机制，进一步加大办案力度。

2019年，全国检察机关共立案侦查司法工作人员涉嫌职务犯罪案件600多件800多人。另外，查处涉及黑恶势力"保护伞"案件120多件150多人。

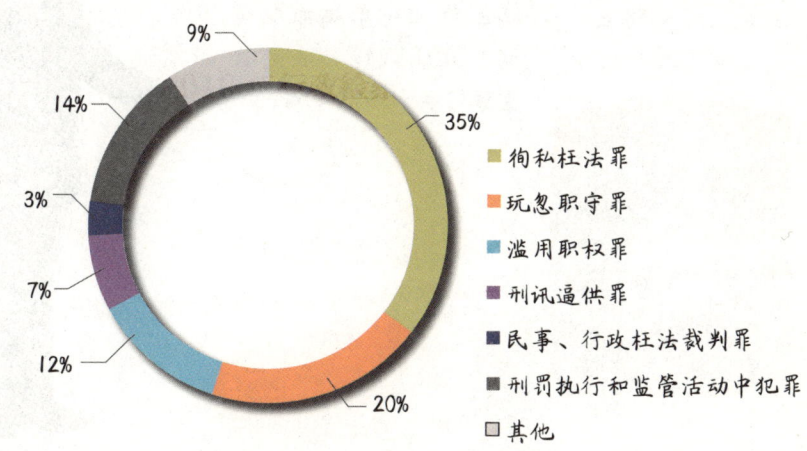

2019年办理司法工作人员涉嫌职务犯罪案件情况

4. 加强对违法减刑、假释、暂予监外执行的监督

进一步加强对违法减刑、假释、暂予监外执行的监督，重点加强对原厅局级以上职务犯罪罪犯减刑、假释、暂予监外执行案件的备案审查。紧盯重大敏感罪犯减刑、假释、暂予监外执行，强化监督力度，进一步健全与完善刑罚变更执行同步监督制度。

2019年针对减、假、暂提出书面纠正意见情况

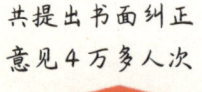

共提出书面纠正意见4万多人次

社区矫正对象被撤销缓刑、撤销假释、决定收监执行共计600多人

已纠正3.8万余人次

5. 深化久押不决案件清理工作

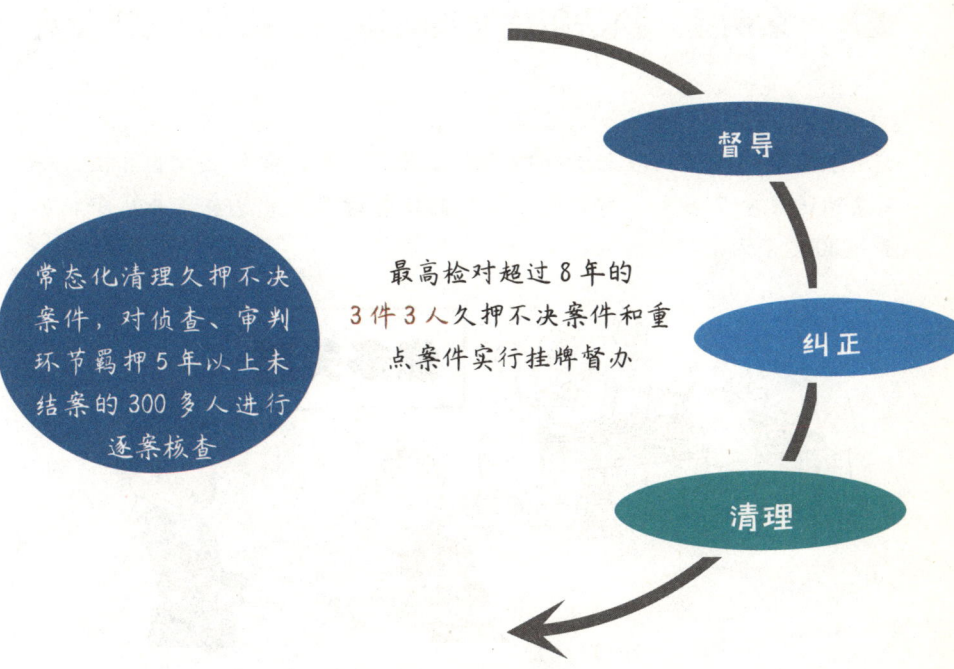

常态化清理久押不决案件，对侦查、审判环节羁押5年以上未结案的300多人进行逐案核查

最高检对超过8年的3件3人久押不决案件和重点案件实行挂牌督办

督导　纠正　清理

主动加强与法院等相关部门的沟通协调，进一步研究完善解决羁押期限问题的长效机制，坚决遏制久押不决案件的反弹势头。

第三节　办　案

案例1　执法犯法抽头渔利　得不偿失锒铛入狱

潘某某利用担任派出所副所长及办案队队长的职务之便，非法收受王某所送现金7万元，对其开设赌场的犯罪行为故意包庇，并从中抽头渔利30万余元。

检察机关对潘某某以涉嫌徇私枉法罪、受贿罪立案侦查，并移送审查起诉。潘某某因犯徇私枉法罪、受贿罪被法院判处有期徒刑4年3个月，并处罚金15万元。

案例2 "放人"不"放任" 企业发展入正轨

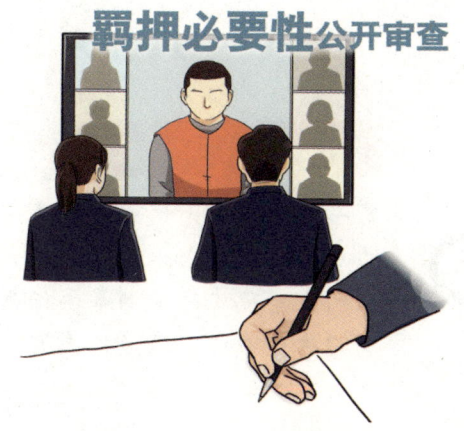

企业法人代表蒋某因涉嫌单位行贿罪，被监察机关移送审查起诉后，蒋某被决定逮捕，检察机关随即对羁押必要性进行审查。

检察机关认为，蒋某系初犯、偶犯，认罪悔罪态度较好，单位行贿数额不大，可能被判处1年以下有期徒刑或缓刑，且患有多种疾病，解除羁押有利于企业正常运营，案件证据已固定到位，对其变更强制措施不影响诉讼顺利进行，决定对其取保候审。后蒋某被判处有期徒刑1年，缓刑1年，并处罚金10万元。

第四节 钩 沉

1949年11月

最高人民检察署成立,《中央人民政府最高人民检察署试行组织条例》中明确规定,"检察全国司法与公安机关犯人改造所及监所之违法措施"。

1954年9月21日

第一届全国人民代表大会通过的《人民检察院组织法》规定,人民检察院"对于刑事案件判决的执行和劳动改造机关的活动是否合法,实行监督"。

1979年7月1日

五届全国人大二次会议通过的《人民检察院组织法》第5条规定,人民检察院"对于刑事案件判决、裁定的执行和监狱、看守所、劳动改造机关的活动是否合法,实行监督";第20条规定,"最高人民检察院设置刑事、法纪、监所、经济等检察厅"。

2004年9月23日

最高检下发《关于调整人民检察院直接受理案件侦查分工的通知》,将原由反贪和渎职侵权检察部门负责的监管场所职务犯罪案件的侦查,统一划归监所检察部门负责。

2014年11月4日

最高检监所检察厅更名为刑事执行检察厅,并对工作职责作必要的调整。

2018年12月

最高检机关进行内设机构改革,设第五检察厅,也可称刑事执行检察厅。

第六章

民事检察

第一节　职　责

民事检察部（厅）通常称为第六检察部（厅），主要负责：

办理向人民检察院申请监督和提请抗诉的民事案件的审查、抗诉

对人民法院民事诉讼活动进行法律监督，对审判监督程序以外的其他民事审判程序中审判人员的违法行为提出检察建议，对民事执行活动实行法律监督

办理人民检察院管辖的民事申诉案件

开展民事支持起诉工作

第二节　看　点

1. 找准民事检察融入大局的结合点

找准民事检察职能定位，发挥好司法的引领、规范、保障作用，着力为发展服务、为人民司法。

先后制定服务打好三大攻坚战、服务保障民营经济健康发展等司法办案指导意见，对化解涉金融矛盾风险、助力精准脱贫和加强涉民营企业民事案件监督等提出具体要求。

强化对知识产权类民事案件的检察监督，探索建立专业化办案机制，保障科技创新主体合法权益。

制发《关于充分发挥民事行政诉讼监督职能推动解决刑事案件牵连产权保护问题的通知》。

重点解决司法实践中有的刑事案件审结后，对侵犯涉案产权的民事责任追究不到位，相关民事错误生效裁判难以纠正等问题。

对农民工、残疾人等特殊群体请求给付劳动报酬、抚养费、抚育费、赡养费、损害赔偿等案件，依法开展支持起诉、维护弱势群体合法权益。

2019年全国检察机关支持起诉案件情况

2. 优化对生效裁判结果的监督

生效裁判结果监督是民事检察的传统业务和基础性工作,是加大民事检察工作力度的重要着力点。坚持以精准监督理念为指引,不断优化对生效裁判的监督。

2019年以来,全国检察机关共提出

民事抗诉5,000多件

其中,最高检着重加强对适用法律错误的重大典型案件提出抗诉,向最高法提出抗诉近30件

提出再审检察建议近8,000件

在进行精准监督的同时,积极清理积压案件,共办结积压民事诉讼监督案件254件

3. 对事对人相结合　监督审判违法行为

完善审判人员深层次违法行为线索发现机制，把对事监督与对人监督结合起来，促进从对裁判结果的监督向对诉讼过程监督的延伸，从对实体违法监督向对程序违法监督拓展。

2019年对审判违法行为的监督情况

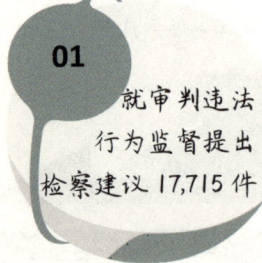

01 就审判违法行为监督提出检察建议 17,715 件

02 移送犯罪线索 87 件

03 法院同期采纳检察建议 17,235 件

第六章 民事检察

4. 全方位监督推动解决"执行难"

坚持以双赢多赢共赢理念为指引，强化民事执行监督，推动解决"执行难"问题。特别是督促法院针对执行中存在的违法问题，反向审视立案、审判环节中有无源头性违法问题，实现检察监督与审判机关内部预防、纠错机制的良性互动。

| 2019年，全国检察机关就执行监督提出检察建议2.3万余件 | 移送犯罪线索140多件 | 法院同期采纳检察建议2.2万余件 |

对上一年度全国检察机关民事非诉执行监督专项活动情况进行总结和通报，进一步深化非诉执行监督专项活动，力争从源头上促进仲裁、公证以及行政行为依法规范进行，取得了较好的监督效果。

5. 让虚假诉讼无处藏身

针对民间借贷、企业破产、离婚等领域虚假诉讼较为集中的问题，最高检自2015年起组织开展了民事虚假诉讼监督专项活动，重点监督涉案人员众多的"规模性造假"和中介服务机构"居间造假"，共对6,500余件虚假诉讼向法院提出抗诉或检察建议，着力维护诉讼秩序和司法权威。对涉嫌虚假诉讼犯罪的，及时移送公安机关立案侦查。

2019年，以"两高"出台《关于办理虚假诉讼刑事案件适用法律若干问题的解释》为契机，继续对虚假诉讼保持严打高压态势，并通过对外宣传和媒体曝光，充分发挥警示和震慑作用。

对2017年以来办理的5,455件民事虚假诉讼案件进行总结分析

筛选出涉及骗取支付令执行、骗取调解书、公证执行、劳动仲裁执行、交通事故保险理赔等5件民事虚假诉讼监督典型案例，作为指导性案例予以发布

得到了媒体的广泛关注，并将该批虚假诉讼指导性案例发送最高法、司法部、人社部，促进在防范和打击虚假诉讼方面形成合力

第三节 办 案

案例1 火眼金睛识别"套路贷"

2014年至2018年,金某吸收拉拢一批具有前科劣迹的人员或社会闲散人员,成立具有暴力讨债、司法索债等特点的贷款公司,成员分工明确、互相配合,以"套路贷"形式发放高利贷款谋取非法利益。

若借款人不能还款,且经暴力催讨未果,金某团伙采用伪造证据等方式提起民事诉讼,已获法院生效民事判决或调解29份,涉案金额数百万元。检察机关发现该虚假诉讼线索时,尚有数十起案件正在法院审理中。

2018年7月,检察机关对金某团伙涉黑恶刑事案件作出批准逮捕决定,同时对其虚假诉讼向法院发出民事再审检察建议。法院采纳再审检察建议,裁定撤销金某团伙已经生效的19份民事判决,驳回起诉。

案例 2　检察建议促执行和解

2001年法院作出民事判决，村办企业借李某的借款和利息由汪舍村承担。判决生效后，李某向法院申请执行，但因汪舍村无可供执行财产，经征求李某意见后，法院裁定中止执行。

后汪舍村因行政区划调整并入吕港村，李某又向检察机关申请执行监督。检察机关向法院发出检察建议，法检两家召开联席会议分析研判并到吕港村委开展释法说理，最终促成村委与李某达成执行和解协议，李某也如愿拿到欠款本金和利息。

第四节 钩 沉

01 第八次全国检察工作会议报告指出,"要扩大法律监督的职权范围,除对刑事法律的实施进行监督外,还应参与民事行政诉讼,对民事、行政审判活动进行监督"

1988年3月

02 最高检设立民事行政检察厅

1988年9月12日

2001年8月21日

03 第一次全国民事行政检察工作会议在京召开

04 张军检察长代表最高检向第十三届全国人民代表大会常务委员会报告检察机关加强民事诉讼和执行活动法律监督工作情况

2018年10月24日

2018年12月

05 最高检进行内设机构改革,成立第六检察厅,专门履行民事检察职责

第七章
行政检察

第一节 职 责

行政检察部（厅）通常称为第七检察部（厅），主要负责：

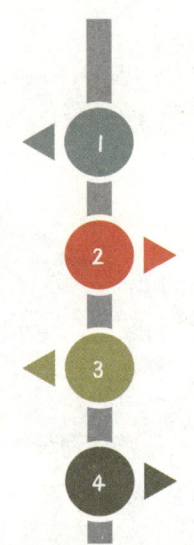

1. 办理向人民检察院申请监督和提请抗诉的行政案件的审查、抗诉

2. 对人民法院行政诉讼活动进行法律监督，对审判监督程序以外的其他行政审判程序中审判人员的违法行为提出检察建议

3. 对行政执行活动实行法律监督

4. 办理人民检察院管辖的行政申诉案件

第二节 看 点

1. 牵住"牛鼻子" 行政检察破新题

坚持以理念变革为引领，以办案为中心，突出抓重点、强弱项、补短板，着力完善以行政诉讼监督为基石、以化解行政争议为"牛鼻子"、以行政非诉执行监督为延伸的行政检察工作新格局，行政检察工作取得明显进展。

2019年受理行政申诉案件情况

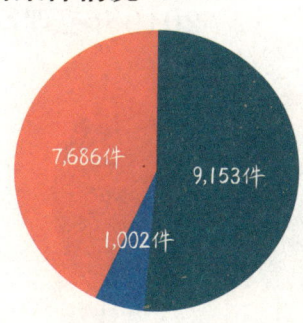

- 行政生效裁判监督案件
- 行政审判活动监督案件
- 行政执行活动（含非诉执行）监督案件

7,686件　9,153件　1,002件

2019年行政检察案件处理情况

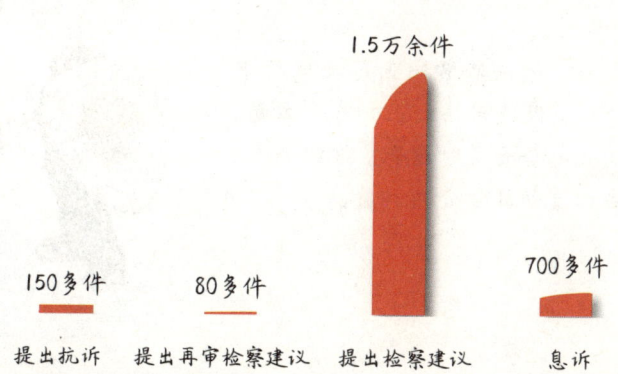

1.5万余件

150多件　80多件　　　　700多件

提出抗诉　提出再审检察建议　提出检察建议　息诉

2. 深化行政非诉执行监督专项活动

监督非诉执行 保护国土资源

坚持把行政非诉执行监督作为加强基层行政检察工作的重要抓手，有效破解基层行政检察工作薄弱的难题。

印发2018年行政非诉执行监督专项活动情况通报，在检答网发布关于行政非诉执行监督的解答，发布违法占地行政非诉执行监督典型案例，为基层开展行政非诉执行监督提供支持。

2019年受理行政非诉执行监督案件情况

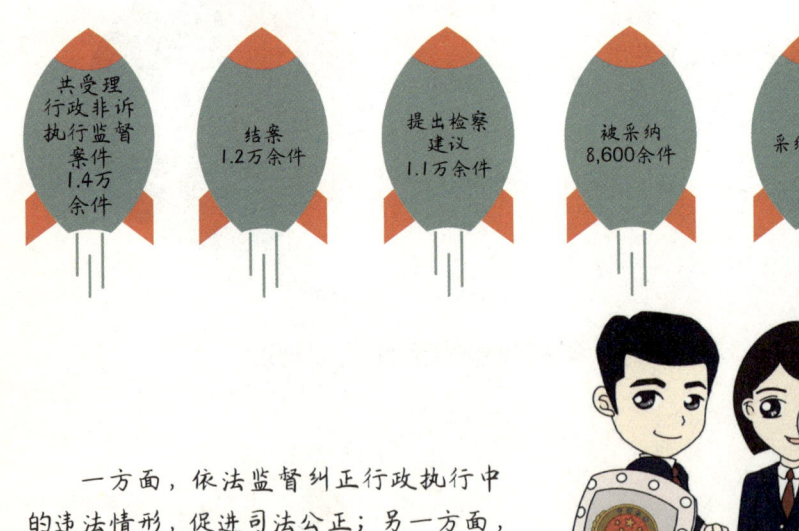

共受理行政非诉执行监督案件1.4万余件 ｜ 结案1.2万余件 ｜ 提出检察建议1.1万余件 ｜ 被采纳8,600余件 ｜ 采纳率78%

一方面，依法监督纠正行政执行中的违法情形，促进司法公正；另一方面，推动行政机关全面及时履职，维护公民、法人合法权益和社会公共利益。

3. 开展行政争议实质性化解专项活动

为践行"以人民为中心"的司法理念,集中解决一批群众反映强烈的行政争议,促进解决行政诉讼"程序空转"问题,自2019年11月起,全国检察机关开展为期一年的"加强行政检察监督 促进行政争议实质性化解"专项活动。

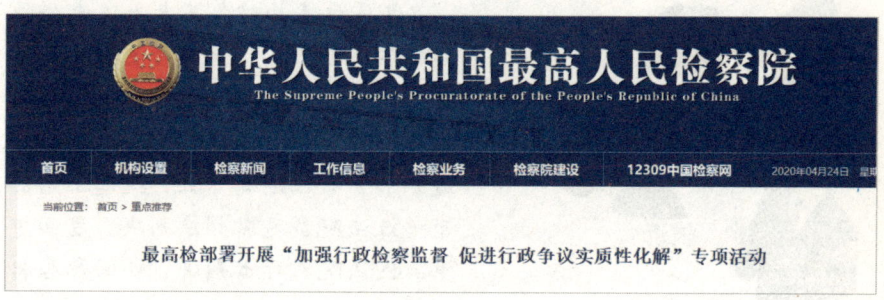

最高检部署开展"加强行政检察监督 促进行政争议实质性化解"专项活动

充分发挥行政检察"一手托两家"的作用,将行政争议调解贯穿于诉讼全过程,通过调解化解矛盾纠纷,对调解不成的,再通过裁判定分止争。

截至2019年底,已通过调解化解行政争议200多件,促进案结事了,维护社会和谐稳定,有效助推国家治理体系和治理能力现代化。

行政争议调解

第三节 办 案

案例1 "民告官"三次裁判 检察监督讲公道

某区住建局对龚某发出《责令限期拆除通知书》，龚某向区法院提起诉讼。区法院审理认为，住建局执法程序违法，判决撤销《责令限期拆除通知书》。住建局不服，提起上诉。市中级法院裁定撤销原判决，发回重审。区法院又作出判决，驳回原告龚某的诉讼请求。

龚某向区检察院申请监督，经检察机关依法抗诉，市中级法院指令区法院再审，区法院再审改判：撤销原行政判决书，确认区住建局作出的《责令限期拆除通知书》违法。

案例2　诉讼维权三十年　八旬老人苦奔波

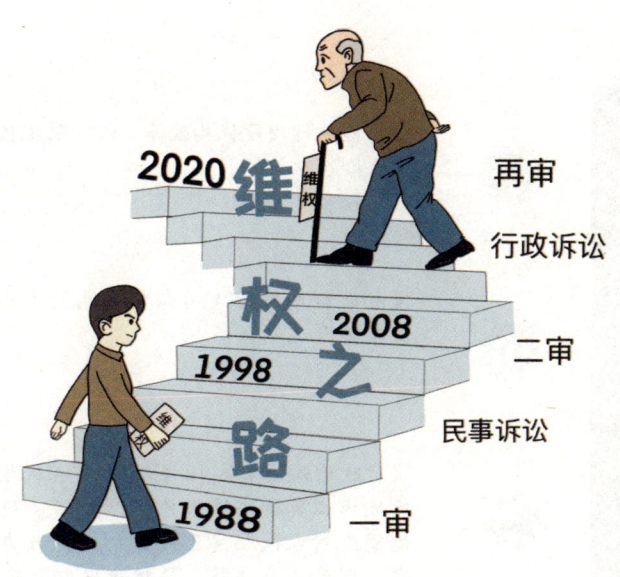

盛某1988年与他人合作建房，获城建部门批准后又被国土部门处以没收等行政处罚，从此开始了诉讼维权"马拉松"。官司从区打到市行政执法机关，从地方基层法院、市中级法院打到省高级法院，再申诉到省检察院。

省检察院提请最高检抗诉，最高检经认真审查，向最高法提出抗诉。最高法开庭审理此案，目前案件正在进一步审理中……

第四节　钩　沉

2018年12月　最高检进行内设机构改革，设立第七检察厅，也称行政检察厅

2016年4月　《人民检察院行政诉讼监督规则（试行）》正式公布施行

1989年4月　《行政诉讼法》第10条规定，"人民检察院有权对行政诉讼实行法律监督"；第64条规定，"人民检察院对人民法院已经发生法律效力的判决、裁定，发现违反法律、法规规定的，有权按照审判监督程序提出抗诉"。

1988年9月　最高检民事行政检察厅正式成立

1954年　《宪法》第81条第1款规定："中华人民共和国最高人民检察院对于国务院所属各部门、地方各级国家机关、国家机关工作人员和公民是否遵守法律，行使检察权。地方各级人民检察院和专门人民检察院，依照法律规定的范围行使检察权。"

1949年　《中央人民政府组织法》第28条规定："最高人民检察署对政府机关、公务人员和全国国民之严格遵守法律，负最高的检察责任。"

第八章
公益诉讼检察

第一节 职 责

公益诉讼检察部（厅）通常称为第八检察部（厅），主要负责：

破坏生态环境和资源保护、食品药品安全领域侵害众多消费者合法权益等损害社会公共利益的民事公益诉讼案件；

生态环境和资源保护、食品药品安全、国有财产保护、国有土地使用权出让等领域的行政公益诉讼案件；

侵害英雄烈士姓名、肖像、名誉、荣誉的公益诉讼案件；

对人民法院开庭审理的公益诉讼案件，派员出席法庭；

对公益诉讼判决生效后人民法院的执行活动实行法律监督。

第二节 看 点

1. 加大公益诉讼办案力度

从试点先行的生态环境和资源保护、国有财产保护、国有土地使用权出让、食品药品安全等四领域探索,到全国范围扎实办理"4+1"领域案件,再到积极稳妥探索"等"外领域,公益司法保护的"中国方案"逐步形成和完善,见证着检察官作为公共利益代表的责任担当,顺应了新时代人民群众对于法治产品和检察产品的新需求新期待。

2019 年办理公益诉讼案件情况

共摸排线索 14万余件

办理诉前程序案件 10.7万余件

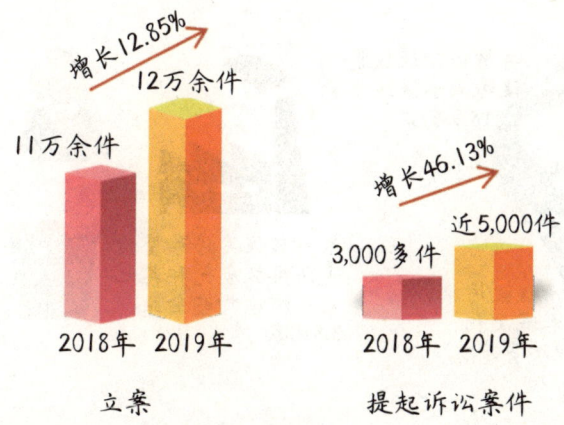

立案:2018年 11万余件,2019年 12万余件,增长12.85%

提起诉讼案件:2018年 3,000多件,2019年 近5,000件,增长46.13%

2. 持续服务打好污染防治攻坚战

全国检察机关落实宪法关于建设美丽中国的要求,积极稳妥推进公益诉讼检察工作。2019年以来,检察机关助力打好污染防治攻坚战,专门对公益诉讼检察参与蓝天、碧水、净土保卫战作出安排。

截至2019年12月底,全国办理生态环境领域案件

- 公益诉讼案件 近7万件
- 诉前程序 6万余件
- 提起诉讼 近4,000件

共督促治理恢复被污染水源地面积 18.9万亩

清理污染和非法占用河道 1.07万公里

清理被污染水域面积 270多万亩

累计督促关停和整治违法排放废气和其他空气污染物的企业 3,540家

保护被污染土壤 150多万亩

督促清除违法堆放各类生活垃圾 300多万吨
督促回收和清理生产类固体废物 250多万吨

3. "上管一段"保护长江

最高检提出服务长江经济带发展"10项检察举措",重点办理涉及违法排污、跨省倾倒固体废物、非法码头、非法采砂等公益诉讼案件,推动修复长江生态环境。

对38起破坏长江生态环境公益诉讼案件线索挂牌督办。

组织长江流域11省市检察机关探索区域协作,建立"上管一段"等流域治理检察机制,促进"一条长江、共同保护"。

4. 携手清四乱 保护母亲河

针对乱占乱采乱堆乱建损害黄河生态环境、威胁河道行洪安全等问题，最高检会同水利部开展"携手清四乱 保护母亲河"专项行动。

自2018年12月起，黄河流域9省区检察机关与河长制办公室协作，共受理水利部门移交"四乱"问题线索2,339件，立案公益诉讼案件1,097件。

督促清理污染水域1,707亩，清理生活和建筑垃圾138.7万吨，拆除违法建筑80.8万平方米。

5. 开展"守护海洋"专项监督活动

为推动全国人大常委会海洋环境保护法执法检查发现问题的整改，2019年2月，最高检部署沿海11省区市检察机关开展"守护海洋"检察公益诉讼专项监督。

通过开展专项监督活动，将检察公益诉讼制度优势转化为守护海洋的生态效能。

6. 保障千家万户舌尖上的安全

最高检自2018年8月起部署开展了为期1年的"保障千家万户舌尖上的安全"检察公益诉讼专项监督活动。以校园周边、网络餐饮、保健食品药品领域等19方面违法问题为监督重点,全方位推进办案工作。

各级检察机关通过办案督促查处、回收假冒伪劣食品70万余千克,假药、走私药品2.9万千克。针对群众高度关注的网络餐饮无证经营、超范围经营、配送餐品保管不善等问题,督促市场监管部门严格监管,全国发现网络餐饮问题商户18万余家,督促整改纠正12万余家,近6万家不合格网络餐饮店铺被下线处理。

2019年办理食药领域公益诉讼案件情况

61,668件
公益诉讼立案

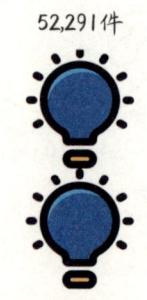

52,291件
发出诉前检察建议

1,083件
提起公益诉讼

7. 用法律捍卫英烈尊严

2018年4月,全国人大常委会通过英雄烈士保护法,赋予检察机关对侵害英烈姓名、肖像、名誉、荣誉,损害社会公共利益的行为向法院提起诉讼的职权。

2019年以来各级检察机关共立案英烈权益保护领域案件近50件

提起民事公益诉讼20多件,用法律捍卫英烈尊严

各地检察机关还围绕英烈纪念设施保护不力等问题,向有关部门发出检察建议700多件,均获采纳

8. 公益诉讼"回头看"

公益诉讼"回头看"

2019年4月起,最高检组织开展为期3个月的公益诉讼"回头看"专项活动,对2018年办理的10万余件诉前检察建议持续落实情况进行评查。

重点排查是否存在<u>虚假整改、事后反弹回潮及检察建议制发不规范</u>等问题,切实做好"后半篇文章"。

最高检派出6个督查组,并组织省级检察院分片区交叉检查,各地检察机关邀请人大代表、政协委员、人民监督员共同参与。

通过查阅案卷、现场勘验、听取相关单位意见等方式,办理案件情况如下:

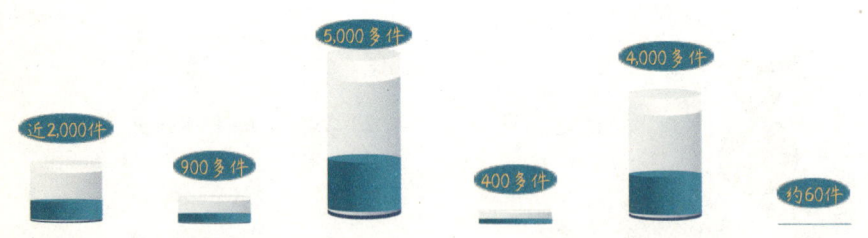

近2,000件	900多件	5,000多件	400多件	4,000多件	约60件
行政机关逾期未回复	实际未整改	整改不彻底	事后反弹回潮	已督促行政机关履职整改	依法提起诉讼

经"回头看"跟进监督,检察机关督促行政机关履职整改到位案件4,000多件。

督促恢复被毁损的耕地、林地、湿地、草原31万余亩,清理被污染水域面积12万余亩

治理被污染土壤1.6万余亩

督促回收和清理各类垃圾、固体废物250余万吨

督促收回国有财产和土地出让金22亿余元

督促查处、回收假冒伪劣食品5.6万千克;
督促查处、回收假药和走私药品1,244.5千克

第三节　办　案

案例1　明知"洋垃圾"仍进口
　　　　污染环境赔百万

被告单位某贸易公司、被告人黄某明知铁渣系国家禁止进口的固体废物，仍通过制作虚假报关单证的方式进口，被海关查获滞留港区，无法退运，危害生态环境安全。2018年法院作出刑事判决，贸易公司、黄某因走私废物罪被追究刑事责任。

检察机关获取该线索后，认为涉案固体废物含有大量危险性重金属，如不进行无害化处置，将对我国生态环境造成重大污染，于是立案调查并向法院提起民事公益诉讼，要求被告连带偿付无害化处置费用人民币110余万元。2019年法院开庭审理并判决，支持检察机关的全部诉讼请求。

案例2 诋毁烈士品德形象 公益诉讼挽回影响

2019年3月,四川省凉山州发生森林火灾,27名森林消防指战员和3名地方扑火队员壮烈牺牲。国家应急管理部、四川省人民政府批准30名同志为烈士。社会各界纷纷表示哀悼。

霍某在其微信朋友圈公然发布带有侮辱性的不当言论,诋毁烈士品德和形象,严重损害社会公共利益。2019年8月,检察机关依法向法院提起民事公益诉讼,要求追究霍某法律责任,请求判令其通过国家级媒体公开赔礼道歉,消除影响。2019年9月,法院公开审理并当庭宣判,支持检察机关的诉讼请求。

第四节 钩 沉

2014年10月,党的十八届四中全会提出"探索建立检察机关提起公益诉讼制度"

2015年5月,中央全面深化改革领导小组第十二次会议审议通过《检察机关提起公益诉讼改革试点方案》

2015年7月,十二届全国人大常委会第十五次会议作出《关于授权最高人民检察院在部分地区开展公益诉讼试点工作的决定》

2017年5月,习近平总书记主持召开中央全面深化改革领导小组第三十五次会议,审议通过《关于检察机关提起公益诉讼试点情况和下一步工作建议的报告》

2017年6月,修改后的民事诉讼法和行政诉讼法,分别增加了公益诉讼检察相关规定

2018年7月,中央全面深化改革委员会第三次会议审议通过《关于设立最高人民检察院公益诉讼检察厅的方案》

2018年10月,修订后《人民检察院组织法》第20条规定,人民检察院依照法律规定提起公益诉讼

2018年12月,最高检进行内设机构改革,成立第八检察厅,也称公益诉讼检察厅,专门履行公益诉讼检察职责

2019年4月,十三届全国人大常委会第十次会议修订《检察官法》,在第7条"检察官的职责"中明确"开展公益诉讼工作"

第九章
未成年人检察

第一节 职 责

未成年人检察部（厅）通常称为第九检察部（厅），主要负责：

01

对法律规定由检察机关办理的未成年人犯罪和侵害未成年人犯罪案件的审查逮捕、审查起诉、出庭支持公诉、抗诉；

02

开展相关立案监督、侦查监督、审判监督以及相关案件的补充侦查；

03

开展未成年人司法保护和预防未成年人犯罪工作。

第二节 看 点

1. 依法严惩侵害未成年人犯罪

2019年办理侵害未成年人犯罪情况

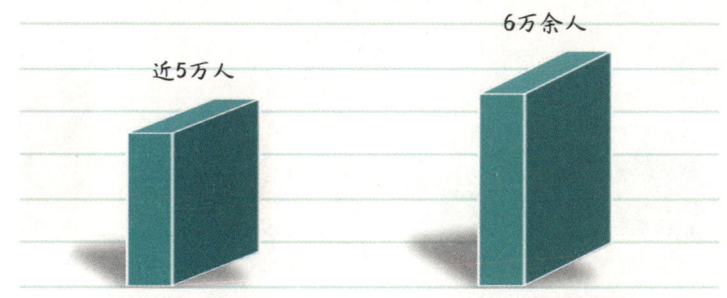

近5万人
共批准逮捕侵害未成年人犯罪人数

6万余人
起诉各类侵害未成年人犯罪人数

对于湖北恩施、河北丰润砍杀学生案等重大敏感案件，检察机关第一时间提前介入，引导侦查取证，依法指控犯罪。

研究提出检察指导意见，对拉拢、诱迫未成年人参与犯罪组织的，一律从严追诉、从重提出量刑建议。强化对未成年被害人的保护救助，建立"一站式"询问救助办案区330多个，提高取证质量，避免造成"二次伤害"。

2. 依法惩戒帮教未成年犯罪嫌疑人

一方面，坚持"教育为主、惩罚为辅"原则，对涉嫌轻微犯罪的未成年人依法从宽处理；另一方面，对罪行严重的未成年人依法惩戒不纵容。

2019年对涉罪未成年人处理情况

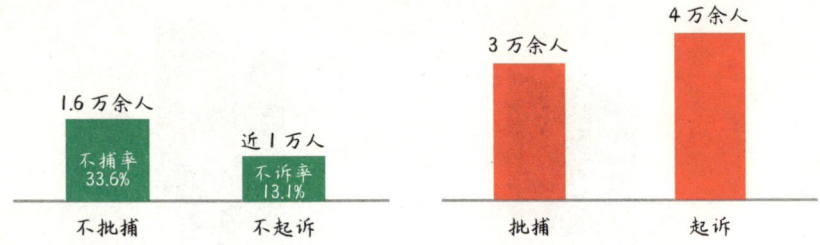

严格落实未成年人刑事案件特别程序，合适成年人在场、社会调查、法律援助覆盖面逐步提高，犯罪记录封存制度基本落实，2019年共作出附条件不起诉7,000多人。

准确适用认罪认罚从宽制度，努力把帮教工作落实到诉讼全过程，探索运用人格甄别、心理矫正、亲职教育等方式，力求精准、有效。
总结推广保护处分、临界预防、司法训诫、强制亲职教育等创新做法，积极开展对未达刑事责任年龄等未成年人重点群体的处置、教育工作。

3. 加强未成年人综合司法保护

2019年以来，开展未成年人刑事执行、民事行政检察业务（含公益诉讼）统一集中办理试点工作，共开展羁押必要性审查3,274人，建议变更强制措施607人。社区矫正监督中，对847人开展交付执行监督，对1,687人开展日常监护监督。发出未成年人公益诉讼诉前检察建议314件。

4. 没完没了抓好"一号检察建议"

2018年10月,最高检发送高检建〔2018〕1号检察建议书。推动校园安全建设,有效预防性侵害未成年人违法犯罪。

"一号检察建议"发出以来,全国各级检察机关未检部门积极监督落实,联合教育等部门加强校园安全建设。

全国检察机关单独或联合教育部门查访情况

| 查访中小学校、幼儿园近4万所 | 监督整改安全隐患6,000多个 | 起诉教职员工性侵学生案件840多人 |

与教育部、国家卫健委等9部委共建侵害未成年人案件强制报告制度。与公安部、教育部共建教职工入职查询性侵未成年人违法犯罪信息制度。上海、重庆等地积极探索落实，其中上海市经查询已拒绝录用或者清理出有性侵害违法犯罪前科人员11人。

在各地实践的基础上，规划建立全国层面的性侵害未成年人违法犯罪信息库，目前已商请公安部共同开展相关建设。

5. 近3万名检察官担任法治副校长

深入推进检察官担任法治副校长,目前包括各级院检察长在内的近3万名检察官担任中小学法治副校长。联合央视录制《守护明天》第三季,制作预防校园欺凌的MV《青春需要温暖》,受到中小学生的普遍欢迎和好评。

最高检联合教育部开展的为期3年的"法治进校园"全国巡讲活动已进入尾声。为助力精准脱贫攻坚,又组织开展了"全国巡讲团再出发——走进三区三州"活动,巡讲活动覆盖了西藏、青海、四川、云南、甘肃、新疆6省(自治区),为中国最边远、贫困地区的孩子们带去了精品法治课。

第三节 办 案

 案例 1　最高检检察长为何列席审委会

齐某在担任班主任期间多次奸淫、猥亵女童。2016 年被法院判处有期徒刑 10 年，剥夺政治权利 1 年。

根据某省检察院提请，最高检于 2017 年向最高法提出抗诉，张军检察长列席最高法审判委员会进一步阐述抗诉意见。2018 年最高法终审判决齐某无期徒刑，剥夺政治权利终身。

案例2　小刘为何戴上了"白帽子"

未成年人小刘为炫耀电脑技能，非法获取大量公民个人信息并供群成员随意下载。后被公安机关立案侦查，移送检察机关审查起诉。

检察机关调查了解到其一贯表现良好，属于初犯，结合犯罪情节轻微、认罪悔罪态度好等情节，依法作出附条件不起诉决定。

检察机关组织成立帮教小组，对小刘进行法治教育，引导他把天分和技术用于正途。

后经批准，小刘利用网络技术协助警方破获特大网络传销案件，他还积极参与网络安全建设，协助堵塞漏洞，在国家互联网应急中心官方网站的"白帽子原创积分排名"中居全国前列。附条件不起诉期满后，检察院对小刘作出不起诉决定。

第九章　未成年人检察

第四节　钩　沉

2015年12月
最高检成立未成年人检察工作办公室

2002年
最高检下发《人民检察院办理未成年人刑事案件的规定》

1986年6月
上海市长宁区人民检察院率先在起诉科内成立了少年起诉组,迈出专业化探索的第一步

2018年12月
最高检在内设机构改革中,专门设立负责未成年人检察工作的机构"第九检察厅",也称未成年人检察厅,这是中央政法机关中成立的第一个专门负责未成年人司法保护的厅级单位

2012年10月
全国第一次未成年人刑事检察工作会议召开以后,陆续下发《关于进一步加强未成年人刑事检察工作的决定》等一系列司法解释或规范性文件

1992年8月
上海市虹口区人民检察院率先建立了全国首家集未成年人刑事案件审查逮捕、审查起诉于一体的未成年人检察科

第十章
控告申诉检察

第一节 职 责

控告申诉检察部（厅）通常称为第十检察部（厅），主要负责：

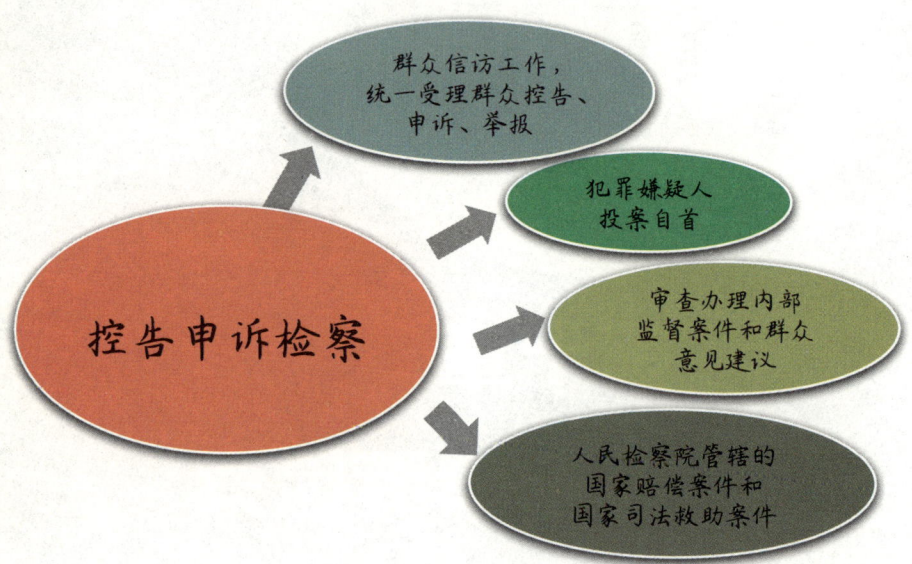

第二节 看 点

1. 全面落实群众来信件件有回复

2019年，最高检向全社会作出"将心比心对待群众信访，检察机关建立7日内程序回复、3个月内办理过程或结果答复制度"的庄严承诺。通过"件件回复"这种看得见的方式，推动解决群众操心事、烦心事、揪心事。

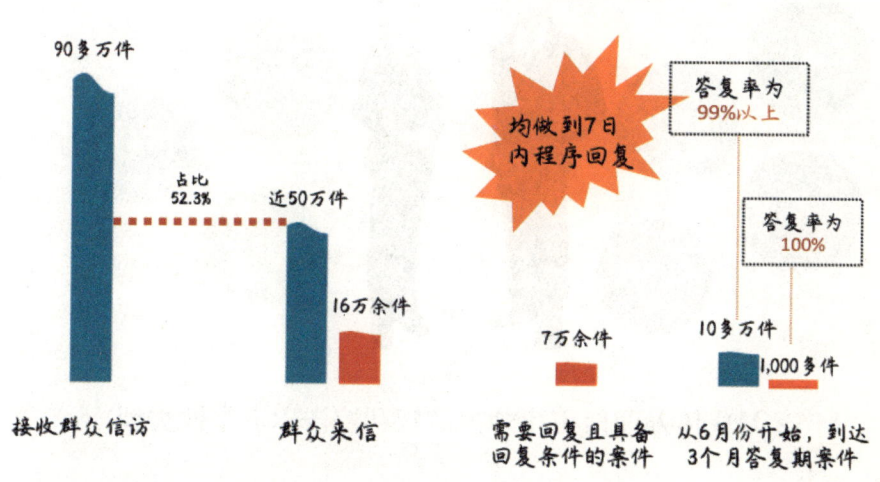

2019年落实群众来信情况

2019年，自第一批案件到期答复以来，全国检察机关答复办理结果或进展的案件10多万件，其中答复案件结果的9.8万件，**办结率**为90%多。

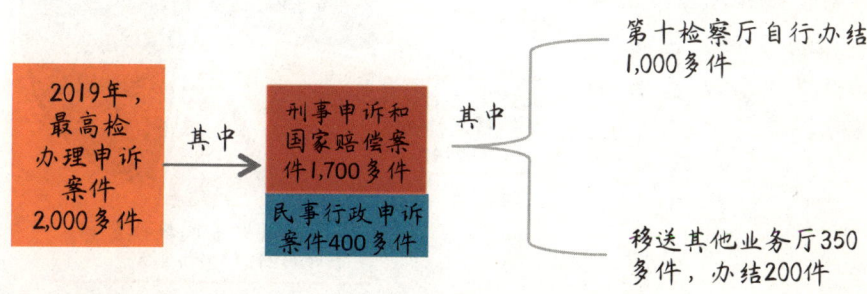

2. 加强保障律师执业权利

2019年7月下发《关于开展保障律师执业权利专项监督活动的实施方案》。检察机关积极开拓案源，加强内部挖潜，在日常办信办访过程中，发现这方面案件线索，依法予以交办督办。

2019年办理侵犯律师执业权利控告申诉案件类型

2019年，全国检察机关共审查办理侵犯律师执业权利控告申诉案件1,200多件，已办结1,000多件，占总数的82.8%。

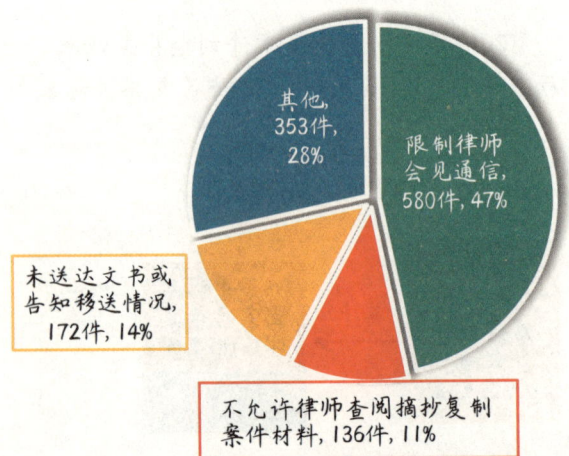

3. 公开听证也是检察"开庭"

公开听证是人民群众参与司法的重要途径。检察机关在办理一些敏感热点、疑难复杂的案件时,往往采用公开听证方式,让当事人参与其中,并邀请人大代表、政协委员、专家学者、人民监督员、律师等社会人士参与案件审查、评议,主动借助"外脑"、接受监督,以公开促公正、赢公信。

2019年,全国检察机关共举办各种形式的公开听证会1,200多起,最高检2019年共举办了8场公开听证会。公开听证是"连心桥",架起了人民群众与检察机关沟通的桥梁,并以鲜活案例教育广大群众遵纪守法。

4. 深化司法救助　助力脱贫攻坚

2019年开展司法救助相关情况

发放救助共计2万多人，同比上升18.5%

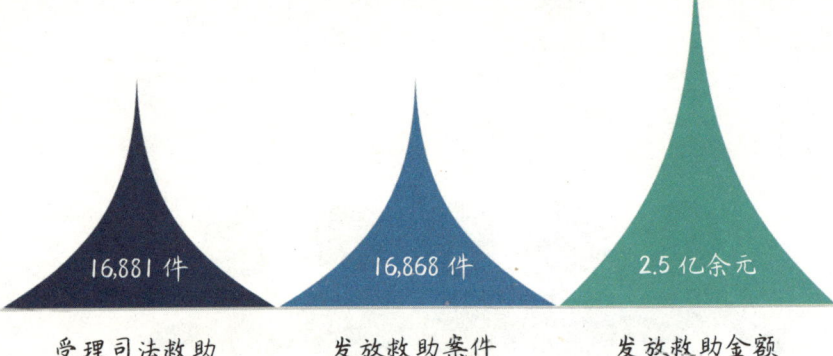

16,881件	16,868件	2.5亿余元
受理司法救助	发放救助案件	发放救助金额

第三节 办案

案例1 是否年满十八岁 公开听证解心结

孔某、孙某抢劫出租车司机高某并将其杀害，孙某因作案时未满18周岁，被法院判处无期徒刑。被害人高某的父亲不服，先后向省检察院和最高检提出申诉。两级检察机关经审查后均认为申诉理由不能成立。

为增加透明度，提高办案质量和司法公信力，最高检举行公开听证。承办检察官释法说理、做出详细解释，最终解开了申诉人的心结、法结。同时考虑被害人父亲年事已高、没有固定收入来源、未得到经济赔偿，检察机关为其发放10万元司法救助，申诉人表示满意。

案例2　500万元是否偿还
　　　　　再审检察建议有说法

　　董某向法院起诉某阀门公司，要求偿还借款及利息，法院判决支持其全部诉求。后董某因涉嫌诈骗罪被公安机关立案侦查。某阀门公司向法院申请再审，法院以刑事案件尚未侦查终结为由，裁定驳回再审申请。

　　某阀门公司向检察机关申请法律监督。检察机关经审查，认为董某在公安和检察机关办案中，承认对方已偿还500万元借款的事实证据，足以推翻原判决，遂向法院发出再审检察建议。目前案件正在进一步审理中……

第四节 钩 沉

1979年
最高检设立信访厅，主要负责纠正冤假错案

1987年4月11日
最高检信访厅正式更名为"控告申诉检察厅"，主要负责受理群众有关刑事案件的控告申诉

1989年1月10日
最高检举报中心挂牌成立

1990年10月9日
最高检下发《关于进一步加强举报工作的通知》，明确举报中心原则上归口控告申诉检察部门领导管理

2000年7月
最高检控告申诉检察厅一分为二，成立控告检察厅（举报中心合署办公）和刑事申诉检察厅

2018年6月28日
改造升级后的12309检察服务中心正式揭牌

2018年12月
最高检进行内设机构改革，合并控告检察厅和刑事申诉检察厅，成立第十检察厅，也可称控告申诉检察厅